NEW EDIT

A SPANISH VOCABULARY

The 3500 most useful words
arranged in connected groups suitable
for translation, conversation and composition

E. ERNEST LENTZ

Revised by
ISABEL JULIAN

Licenciada en Lenguas Modernas
Universidad de Zaragoza

BLACKIE London & Glasgow

BLACKIE & SON LIMITED
FURNIVAL HOUSE · 14–18 HIGH HOLBORN ·
LONDON WC1V 6BX

BISHOPBRIGGS · GLASGOW G64 2NZ

BLACKIE VOCABULARIES

By Malcolm W. Murray and E. Ernest Lentz

A FRENCH VOCABULARY
the 3500 most useful words.

By E. Ernest Lentz

A GERMAN VOCABULARY
the 4500 most useful words.

A SPANISH VOCABULARY
the 3500 most useful words.

AN ITALIAN VOCABULARY
the 3000 most useful words.

By M. Kean, M.A.

MEMORANDA LATINA
Word List, Syntax, Idioms and Phrases.

© *New Edition* E. E. Lentz 1972
0 216 89445 x

PRINTED IN GREAT BRITAIN BY
THOMSON LITHO, EAST KILBRIDE, SCOTLAND

PREFACE

This is a revised edition of Blackie's already popular *Spanish Vocabulary*. Like its predecessor it has a list of contents at the front to guide the reader to the words associated with any particular topic. Under the main section headings the words are in convenient groups of ten. The book is suitable for use both by the student who wishes to acquire a stock of Spanish words in such a way that he can use them as a basis for conversation and composition and also by the traveller who will have no difficulty in finding a selection of words relevant to a particular situation.

The vocabulary has been brought up-to-date throughout and two completely new sections have been added. *Leisure-Time Activities* not only introduces subjects such as 'television' and 'records' for the first time but also takes in 'sport and athletics', the latter now being dealt with in considerably more detail. The other new section, *Communications*, includes vocabulary on 'air and space travel'.

As in the original edition it has sometimes been difficult to choose one word when there have been several available, each expressing the same idea, but an effort has been made to select the commonest word or words in each case. Some subjects fitted into more than one section and in some cases it became necessary to split the subject. Thus if you are interested in vocabulary connected with crime you would look at 'police' and 'law' in the section headed *Society* and also perhaps at 'virtues and vices' under *Intellectual and Moral Life*. Similarly activities connected with the sea may be found not only under 'sea travel' in *Communications* but also in *Society* under 'armed forces and war' and *Leisure-Time Activities* under 'sport and athletics'. The whole operation becomes very simple when the contents pages are used correctly.

Spanish words, both in the text and in the footnotes, appear in bold letters and are therefore easily identified. Genders are immediately recognizable by the article or, when this is not so, by the letter *m.* or *f.* Some Spanish words have an additional ending in brackets with a different English meaning. Where this ending has a hyphen the ending substitutes for the last letter of the word, eg. **la (el) banana (-o)** means that the additional word is **el banano**. Where this ending has no hyphen it is added straight on to the main word, eg. **el coco(tero)** means that one word is **el coco** and the other word is **el cocotero**. Finally an Appendix with Days, Months, Numbers, Prepositions, Adverbs and Conjunctions has been included at the back of the book for easy reference.

We are indebted to Mrs. Janet Fraile, M.A., St. Patrick's High School, Coatbridge, for much helpful advice on up-to-date terminology and for correcting the proofs of the vocabulary.

CONTENTS

	GROUPS
THE HUMAN BODY	
Head, Trunk and Limbs	1–9
Physical Appearance and Senses	9–15
Health and Hospital	16–24
Death	25–6
FAMILY	
Relations	27–9
Age	30–1
Marriage	32–4
Time	35–42
THE HOME	
General	43–51
Heating and Lighting	52–4
Living and Dining-Room	55–9
Meals, Food and Cooking	60–72
Kitchen and Cleaning	73–5
Bedroom	75–8
Clothes	78–84
Bathroom	85–6
Jewellery and Make-up	87–8
EDUCATION	
School and University	89–93
Work and Behaviour	94–100

Grammar and Language	101–8
Literature (inc. Newspapers)	108–13
History	113–7
Geography (inc. Countries)	118–30
Mathematics	131–7
Science	137–41
THE ARTS	
Painting and Colours	142–5
Sculpture and Architecture	146–7
Music	148–50
Singing and Dancing	151–3
Theatre and Cinema	153–7
LEISURE-TIME ACTIVITIES	
Television	158
Radio	159
Records	160
Photography	161–2
Games	163–6
Sport and Athletics (inc. Bullfight)	167–85
Holidays (inc. Hotel and Restaurant)	186–90
INTELLECTUAL AND MORAL LIFE	
Mental States and Feelings	191–207
Virtues and Vices	207–18
SOCIETY	
Town	219–23
Police	224–6
Fire Service	227
Government and State	228–34
Law	235–40
Religion	240–9
Armed Forces and War	249–63
SOCIAL ACTIVITY	
Commerce and Banking	264–73
Money, Weights and Measures	274–8

Industry	279–86
Retail Trade	287–93
Farming	293–9

COMMUNICATIONS

Road Transport	300–6
Railway	306–12
Sea Travel	313–5
Air and Space Travel	316–9
Post Office and Telephone	320–5

NATURE

Universe	326–8
Physical Geography	329–34
Weather	334–8
Animals	339–45
Insects and Reptiles	345–7
Birds	348–52
Fish	353–4
Plants and Flowers	355–8
Vegetables	359–62
Fruits and their Trees	362–7
Forest Trees and Shrubs	367–70
Minerals	371–7

APPENDIX	page 127

EL CUERPO HUMANO—
THE HUMAN BODY

1

la cabeza	head
el cráneo	skull
el cerebro	brain
los cabellos	hair
el pelo[1]	hair
el rostro	face
la cara	face
la frente	forehead
la sien	temple
el ojo	eye

2

la pestaña	eyelash
el párpado	eyelid
la ceja	eyebrow
el globo del ojo	eye-ball
la nariz	nose
la ventana de la nariz	nostril
la boca	mouth
el labio	lip
la lengua	tongue
el diente	tooth

---

[1] Note tomar el pelo, to pull someone's leg.

2 THE HUMAN BODY

3
las encías	gums
el paladar	palate
la barbilla	chin
la mandíbula	jaw
la oreja	ear
la mejilla	cheek
el pómulo	cheekbone
el hoyo	dimple
el cuello	neck
la nuca	nape (*of the neck*)

4
el tronco	trunk
la espalda	back
el hombro	shoulder
el pecho	chest
el pulmón	lung
respirar	to breath
el aliento	breath
el corazón	heart
el estómago	stomach
la digestión	digestion

5
la saliva	saliva
la costilla	rib
el costado	side
el lado	side
la cintura[1]	waist
la cadera	hip
el vientre	belly
el hígado	liver
el riñón	kidney
los intestinos	bowels, intestines

---

[1] *Also* **el talle.**

THE HUMAN BODY 3

6
la sangre	blood
la circulación	circulation
la arteria	artery
la vena	vein
el pulso	pulse
el músculo	muscle
el hueso	bone
el esqueleto	skeleton
la columna vertebral	spine, backbone
la vértebra	vertebra

7
el miembro	limb
el (ante) brazo	(fore)arm
abrazar	to embrace
el codo	elbow
apoyarse (en)	to lean (on)
la muñeca	wrist; doll
el puño	fist
la mano	hand
la palma	palm
tomar	to take, seize

8
el pulgar	thumb
el dedo	finger
el índice	forefinger, index finger
el anular	ring finger
el meñique	little finger
la uña	nail
el muslo	thigh
la rodilla	knee
la tibia	shinbone
la pantorrilla	calf

THE HUMAN BODY

9
la pierna	leg
el tobillo	ankle
el pie	foot
estar de pie[1]	to stand
el talón	heel
la planta del pie	sole
el dedo del pie	toe
la carne	flesh; meat
la piel	skin
la tez	complexion

10
el semblante	look, mien; face
la apariencia	appearance
hermoso	beautiful, handsome
bonito	pretty
feo	ugly
rubio	fair
moreno	dark
pelirrojo	red-haired
rizado	curly
liso	straight, smooth

11
débil	weak
fuerte	strong
vigoroso	vigorous
pesado	heavy; boring
corpulento	stout
engordar	to grow fat
gordo	big, fat
grueso	big, fat
delgado	thin
adelgazar	to slim

---

[1] In South America **estar parado**.

THE HUMAN BODY

12
la talla	height
la estatura	height
pequeño	small, little
chico	small, little
(el) enano	dwarfish, (dwarf)
alto	tall, high
el gigante	giant
gigantesco	gigantic
parecerse a	to resemble
sentir	to feel, experience

13
el sentido	sense
la sensación	sensation, feeling
percibir	to perceive
perceptible	perceptible
la vista	(eye)sight
ver	to see
mirar	to look at
ciego	blind
el tacto	touch, feel
tocar	to touch

14
el oído	hearing, ear
oir	to hear
escuchar (a)	to listen (to)
sordo	deaf
el olfato	smelling, sense of smell
oler (a)	to smell (of)
el gusto	taste
gustar	to taste
comer	to eat
morder	to bite

6 THE HUMAN BODY

15

mudo	dumb
decir	to say
contar	to tell
gritar	to shout, cry out
el grito	shout, cry
dar un grito	to scream
murmurar	to murmur
el sonido	sound
el eco	echo
el ruido	noise

16

la salud	health
estar bueno	to be well, in good [health
bueno	good
malo	bad, wicked
estar malo	to be ill, sick
estar enfermo	to be ill, sick
ponerse enfermo	to become ill
enfermar	to fall *or* take ill
la enfermedad	illness, disease
la enfermera	nurse

17

cuidar (de)	to nurse; look after
el cuidado	care, attention
cuidadoso	careful
el descuido	carelessness
descuidado	careless
negligente	negligent
el médico	physician, doctor
la medicina	medicine
la receta	prescription; recipe
el boticario	chemist, druggist

THE HUMAN BODY 7

18
la botica	chemist's shop
la farmacia	pharmacy
la cura	cure; healing
(in)curable	(in)curable
curar	to cure
sanar	to get well
(mal)sano	(un)wholesome, (un)healthy
restablecerse	to recover
el dolor	pain, grief
doloroso	painful

19
doler	to pain, grieve
doliente	suffering, ailing
padecer	to be ailing, suffer (from)
compadecer	to sympathize, pity
el dolor de cabeza	headache
el dolor de muelas	toothache
el dentista	dentist
la empastadura	filling
sacar	to extract
el mal de garganta	sore throat

20
ronco	hoarse
pálido	pale
el desmayo	fainting-fit, swoon
caer(se)	to fall
la caída	fall
herir(se)	to hurt, wound (one's self)
la herida	wound
un resfriado	a cold
resfriarse	to get cold, catch a cold
(el) frío	cold

8 THE HUMAN BODY

21

la tos	cough(ing)
toser	to cough
calentar	to heat
el calor	heat
cálido	warm, hot
caliente	warm, hot
templado	temperate, moderate
la temperatura	temperature
transpirar	to perspire
sudar	to sweat

22

el sudor	perspiration
la fiebre	fever
contagioso	contagious, infectious
temblar	to tremble, shiver
la locura	madness, folly
loco	mad
tonto	stupid, foolish
el insomnio	insomnia
la píldora	pill
la pastilla, la tableta	tablet

23

el hospital	hospital
la enfermería	infirmary
el cirujano	surgeon
el especialista	specialist
la radiografía	radiography, X-ray
la ambulancia	ambulance
la camilla	stretcher
la operación	operation
el anfiteatro	operating theatre
el anestésico	anaesthetic

24

la venda	bandage
el ungüento	ointment
(el) antiséptico	antiseptic
la ampolla	blister
la quemadura	burn
la cicatriz	scar
el shock	shock
la conmoción cerebral	stroke
la inyección	injection
vacunar	to vaccinate

25

morir(se)	to die
el cadáver	corpse
el ataúd	coffin
la tumba	grave, tomb
el cementerio	cemetery
enterrar	to bury
el entierro	funeral
el duelo	mourning; the mourners
el luto	mourning (*clothes*)
estar de luto	to be in mourning

26

la muerte	death
(el) muerto	dead (man)
el lecho mortuorio	deathbed
el dueño de funeraria	undertaker
el sudario, la mortaja	shroud
el coche fúnebre	hearse
la corona	wreath
la cremación	cremation
la piedra mortuoria	tombstone
la lápida mortuoria	tombstone

LA FAMILIA—THE FAMILY

27

los padres	parents (*father and mother*)
el padre	father
la madre	mother
el hijo	son
la hija	daughter
el hermano	brother
la hermana	sister
los (las) gemelos (-as)	twins
el abuelo	grandfather
la abuela	grandmother

28

el nieto	grandson
la nieta	grand-daughter
el tío	uncle
la tía	aunt
el sobrino	nephew
la sobrina	niece
el (la) primo (-a)	cousin
el pariente	relation
el cuñado	brother-in-law
la cuñada	sister-in-law

29

el yerno	son-in-law
la nuera	daughter-in-law
el suegro	father-in-law
la suegra	mother-in-law
el padrastro	step-father
la madrastra	step-mother
el descendiente	descendant
el antepasado	ancestor
el linaje	pedigree, lineage
la edad	age

THE FAMILY

30

nacer	to be born
el nacimiento	birth
el bebé	baby
bautizar	to baptize, christen
el bautismo	baptism, christening
la vida	life
vivir	to live
vivo	alive, lively
la niñez	childhood, boy(girl)hood
la infancia	childhood, boy(girl)hood

31

el (la) muchacho (-a)	boy, (girl)
la juventud	youth
el (la) adolescente	adolescent
joven	young
crecer	to grow (up)
adulto	adult, grown-up
la vejez	old age
envejecer	to grow old
viejo	old
anciano	old

32

el matrimonio	marriage; couple (*wife and [husband]*)
la boda	wedding; marriage
el marido	husband
el (la) esposo (-a)	husband, (wife)
la mujer	wife
el novio	bridegroom, fiancé
la novia	bride, fiancée
querer	to love
querido	dear, beloved
el amor	love

33

enamorado (de)	in love (with)
amar	to love
el cariño, el afecto	affection
cariñoso	fond, affectionate
afectuoso	loving
prometerse	to get engaged
el ajuar	trousseau
la alianza	wedding ring
el anillo de boda	wedding ring
el anillo de prometida	engagement ring

34

el padrino[1]	best man
la madrina[2]	matron of honour, chief
las damas de honor	bridesmaids [bridesmaid
la luna de miel	honeymoon
el divorcio	divorce
el (la) viudo (-a)	widower, widow
el (la) soltero (-a)	bachelor, (spinster)
la solterona	old maid
el hombre	man
la mujer	woman

35

el tiempo	time; weather
la temporada	space of time, season
(con)temporáneo	(con)temporary
(el) presente	(the) present
(el) pasado	(the) past
futuro	future
el porvenir	the future
comenzar	to begin
empezar	to begin
principiar	to begin

---

[1] Often in Spain and S. America it is the bride's father who acts as best man.

[2] Likewise often done by bridegroom's mother.

36

el principio	beginning
acabar	to finish, end
terminar	to finish, end
el fin	end
pasar	to pass (away, by)
pasajero	fleeting
seguir	to follow
siguiente	following
dejar	to leave; let, permit
permitir	to permit, allow

37

el permiso	permission
el momento	moment
el segundo	second
el minuto	minute
la hora	hour
el reloj	clock
el reloj (de pulsera)	watch
adelantar	to be fast
atrasar	to be slow
diario	daily

38

el día	day
el día festivo	holiday, any Sunday
la fiesta	feast, festival, holiday
la víspera	the day before, eve
hoy	today
ayer	yesterday
mañana	tomorrow
la mañana	morning, forenoon
temprano	early
la madrugada	early morning

39

madrugar	to get up early
claro	clear
o(b)scuro	dark
la claridad	clearness
la o(b)scuridad	darkness
las tinieblas	darkness
(el) mediodía	midday, noon
tarde	late
la tarde	afternoon, evening
tardar	to delay

40

la tardanza	delay
la noche	night [evening
anoche	last night, yesterday
anteanoche	the night before last
(la) medianoche	midnight
la semana	week
semanal	weekly
el mes	month
el trimestre	quarter
el semestre	half-year

41

mensual	monthly
bimensual	fortnightly
el año (bisiesto)	(leap) year
(semi)anual	(half) yearly
el aniversario	anniversary
el cumpleaños	birthday
el centenario	centenary
el siglo	century
eterno	eternal
la eternidad	eternity

276

(el) pobre	poor, (pauper)
la pobreza	poverty
la necesidad	want; need; necessity
necesitar	to want; need; lack
mendigar	to beg, ask charity
pedir limosna	to ask for alms
la medida	measure
medir	to measure
pesar	to weigh
comparar	to compare

277

la comparación	comparison
contener	to contain, hold
el contenido	contents
el sistema métrico	metric system
el milímetro	millimetre
el centímetro	centimetre
el metro	metre
el kilómetro	kilometre
el litro	litre
el hectolitro (100 l)	hectolitre

278

el metro cuadrado	square metre
el área, $f.$ (100 m^2)	are
la hectarea	hectare
el gramo	gramme
el kilo(gramo) (1000 g)	kilogramme
el quintal (métrico)	100 kg
la tonelada (1000 kg)	ton; tonne
la libra	pound
la milla	mile
el galón	gallon

279

la industria	industry
(el) industrial	industrial, (industrialist)
la escuela industrial	technical school
la manufactura	manufacture, factory
la fábrica de gas	gasworks
la fábrica (de conservas)	factory, (cannery)
la fabricación	making, manufacture
el fabricante	maker
fabricar	to manufacture
la marca de fábrica	trademark

280

la fábrica de vidrio	glassworks
la fábrica de paño	cloth mill
la máquina	engine, machine
la maquinaria	machinery
el maquinista	engine-driver
el mecánico	mechanic
el ingeniero	(civil) engineer
el técnico	technician
el electricista	electrician
la central eléctrica	power station

281

la hilandería	spinning, spinning-mill
el (la) hilandero (-a)	spinner
tejer	to weave
el tintorero	dyer
la tintorería	dye-works
teñir	to dye, tinge, stain
la tenería	tannery
el curtidor	tanner
la profesión	profession
el oficio	trade

288
la posada	inn
el posadero	innkeeper
quedar(se)	to stay, remain
el local	premises
el almacén	storehouse, warehouse
la tienda	shop
el tendero	shopkeeper
el mostrador	counter
mostrar	to show
la muestra	sample; pattern

289
la caja registradora	till, cash register
el escaparate	shop window
la carnicería	butcher's shop
el carnicero	butcher
la tienda de comestibles[1]	grocer's shop
los ultramarinos	groceries, provisions
el verdulero	greengrocer
el frutero	fruiterer
el pescadero	fishmonger
el pollero	poulterer

290
el supermercado	supermarket
el mercado	market
los grandes almacenes	big stores
la zapatería	shoe-shop
la sombrerería	milliner's
la tienda de modas[2]	gown shop, boutique
la corsetería	corset shop
la tienda de bolsos	leather (bag) shop
la mercería	haberdasher's shop
el mercero	haberdasher

---

[1] *Also* la tienda de ultramarinos.   [2] *Also* la boutique.

291

la peluca	wig
el peluquero	hairdresser
la peluquería	hairdresser's shop
el barbero	barber
la barbería	barber's shop
el corte de pelo	haircut
la laca	lacquer
el perfume	scent, perfume
perfumar	to perfume
la manicura	manicure

292

el platero	silversmith
el relojero	watchmaker
la tienda de juguetes	toyshop
la tienda de antigüedades	antique shop
el estanco[1]	tobacconist's shop
el estanquero	tobacconist
el tabaco	tobacco
fumar en pipa	to smoke a pipe
el puro	cigar
el cigarro, el cigarrillo	cigarette

293

el (la) prestamista	pawnbroker
la casa de empeños	pawnshop
la papeleta de empeño	pawnticket
la agricultura	agriculture, tillage
el agricultor	(gentleman) farmer
agrícola	agricultural
el labrador	farmer, peasant
labrar	to work, cultivate
cultivar	to cultivate
el cultivo	cultivation

---

[1] Stamps are also sold here.

294

campestre	rustic, rural
el campo	field; country
el (la) campesino (-a)	peasant
la finca	landed property, estate, grange, farm
la granja	[farm]
la hacienda	estate, ranch; fortune
el corral	farmyard, poultry yard
el establo	cowshed
la cuadra	stable
el granero	barn

295

la ganadería	stock, cattleranch
el ranchero	stock farmer
el gaucho	cowboy
el harnés	harness
el cuero	leather; hide
(des)enganchar	to (un)harness
el tiro (de caballos)	team
tirar (de)	to pull
empujar	to push
el tractor	tractor

296

el prado	field, meadow
la pradera	field, meadow
la hierba	grass
el trébol	clover
arar	to plough
el arado	plough
el surco	furrow
dejar en barbecho	to leave fallow
sembrar	to sow
esparcir	to scatter

297

la sementera	sowing; seed-time
la siembra	sowing; seed-time
la simiente	seed, grain
la semilla	seed, grain
el grano	grain, corn, seed
la espiga	ear (*of corn*)
la gavilla	sheaf (*of corn*)
el heno	hay
el almiar	haystack
la horca	(hay)fork

298

la paja	straw
la avena	oats
el maíz	maize
el trigo	wheat
la cebada	barley
el arroz	rice
el abono	fertilizer
el estiércol	manure
el pozo	well, cistern
el riego	irrigation

299

fértil[1]	fertile
estéril	sterile, barren
árido	dry, barren
segar	to mow, reap
la segadora	reaping-machine
la hoz	sickle, reaping-hook
la empacadora	baler
cosechar	to gather, reap the harvest
la cosecha	harvest, harvest-time
la mies	harvest, ripened crop

[1] *Also* feraz.

LAS COMUNICACIONES— COMMUNICATIONS

300

el automovilismo	motoring
el automóvil	motor car
el coche[1] (de carreras)	(racing) car
dar una vuelta en coche	to go for a spin in a car
el vehículo	vehicle
conducir[2]	to drive
el conductor	driver
el taxi	taxi
el camión	lorry[3]
el camión de reparto	delivery van

301

el camión de mudanzas	furniture van
el carro	wagon, cart, chariot
el autobus	bus
el cobrador	conductor
el inspector	inspector
el precio del billete	fare
el tranvía	tramcar; tramway
el tranviario	tram driver
la parada[4]	stopping-place
la parte de arriba	top

302

frenar	to brake
el neumático	tyre
la rueda	wheel
la rueda de recambio	spare wheel
el pinchazo	puncture
la carrocería	body
el porta-equipaje	luggage rack
el motor	motor
el capot	bonnet
el espejo retrovisor	driving mirror

---

[1] In S. America **el carro**. [2] In S. America **manejar**.
[3] In S. America, bus. [4] Note **la parada de autobus**, bus stop.

303

el parabrisas	windscreen
el radiador	radiator
el engrase	lubrication
el acelerador	accelerator
acelerar	to accelerate
el pedal	pedal
el carburador	carburettor
el volante	steering wheel
la dirección	steering
el faro	headlight

304

la bocina	car horn, hooter
la gasolina	petrol
la gasolinera	petrol station
las piezas de recambio	spare parts
el mecánico	mechanic
el carnet de conducir	driving licence
el número de matrícula	registration number
la velocidad	speed
la velocidad límite	speed limit
la velocidad media	average speed

305

tener una avería	to have a breakdown
el coche-grúa	breakdown lorry
la caravana	caravan
hacer autostop	to hitchhike
el ciclismo	cycling
la bicicleta[1] (de carreras)	(racing) bicycle
el tándem	tandem
la moto	motorcycle
el motorista	motorcyclist
el escúter	scooter

---

[1] *Familiarly* la bici.

306

el túnel	tunnel
el puente	bridge
el puente colgante	suspension bridge
el paso a nivel	level crossing
el viaje	journey, travel
viajar	to travel
el viajero	traveller, passenger
el viajante	commercial traveller
el ferrocarril	railway
la estación	station

307

el andén	platform
la vía	track
el guarda vías	track watchman
la señal	signal
el rail	rail
descarrilar	to run off the rails
descarrilamiento	derailment
chocar	to collide
el choque	collision
la desgracia	misfortune, accident

308

el horario	time-table
la guía	time-table, guide-book
el tren correo	slow train
el tren expreso *or* rápido	express *or* fast train
el tren directo	through train
el tren de mercancías	goods train
llegar	to arrive
la llegada	arrival
salir	to leave; set out
la salida	departure

309

el jefe de estación	station master
la sala de espera	waiting-room
el billete (sencillo)	(single) ticket
el billete de ida y vuelta	return ticket
el despacho de billetes	booking-office
el revisor	ticket inspector
la reclamación	claim
reclamar	to put in a claim
el jefe del tren	guard
la locomotora	engine, locomotive

310

el maquinista	engine driver
freno	brake
frenar	to brake
el vagón (de primera)	(first-class) carriage
el coche cama	sleeping-car
el vagón restaurant	dining-car *or* saloon
la portezuela	carriage door
el pasillo	corridor
el furgón	luggage-van
facturar	to register (luggage)

311

el mozo[1]	porter
dar una propina	to give a tip
el baul	trunk
el departamento	compartment
la red	net, rack
la señal de alarma	communication cord
la ventanilla	window
la oficina de consignaciones[2]	left-luggage office
la parada	stop, halting-place
parar(se)	to stop, halt

---

[1] *Also* el maletero.   [2] *Also* la consigna.

312

apearse	to alight
la estancia	stay, sojourn
morar	to reside
la fonda	refreshment-room; inn
la cantina	refreshment-room
¿ Lleva el tren restaurante ?	Is there a restaurant car on the train?
montar (al)	to get into
bajar (del)	to get off
el metro	underground
la escalera móvil	escalator

313

el barco	boat, ship
la embarcación	craft, ship; embarkation
embarcar	to embark
desembarcar	to land
la travesía	voyage, crossing
el pasajero	passenger
la cubierta	deck
la pasarela	gangway
el capitán	captain
el marinero	sailor

314

hacerse marinero	to go to sea
el transatlántico	liner
hacer un crucero	to go for a cruise
el mareo	seasickness
marearse	to be seasick
el contador	purser
el ancla, *f.*	anchor
anclar	to anchor
el (cinturón) salvavidas	lifebelt
el bote de salvamento	lifeboat

315

a bordo	on board
abordar	to board a ship
la popa	stern
la proa	prow
babor	port
estribor	starboard
el mástil	mast
el pabellón	flag
el camarote	berth, cabin |//
¿ A qué hora sale el próximo barco ? When does the next boat leave?

316

la aviación	aviation
el tráfico aéreo	air traffic
la exhibición de acrobacia aerea	air show
la compañía aérea	airline company
el avión *or* aeroplano	plane *or* aeroplane
el avión comercial	commercial plane
el hidroavión	seaplane
el vuelo	flight
volar	to fly
despegar	to take off

317

aterrizar	to land
la pista de aterrizaje	landing strip
el aeropuerto	airport
la terminal aérea	air terminal
la torre de mando	control tower
viajar en avión	to travel by plane, air
el aviador	airman
el piloto (de avión)	(air) pilot
la azafata	air hostess, stewardess
el aeromozo	steward

318

el ala, *f.*	wing
el cuerpo	body
la cabina	cockpit (*of plane*)
la hélice	propeller
el bache	air pocket
la corriente de aire	air current
el cinturón de seguridad	safety-belt
abrochar	to fasten
el helicóptero	helicopter
el planeador	glider

319

el avión a reacción	jet plane
el reactor	jet engine
la barrera del sonido	sound barrier
la cuenta inversa	countdown
el satélite	satellite
el vuelo interplanetario	interplanetary flight
el vuelo espacial	space flight
el navio espacial	spaceship
el astronauta	astronaut, spaceman
la órbita	orbit

320

la casa de correos[1]	post office
la lista de correos	'poste restante'
el correo	mail
el correo aéreo	airmail
por avión	by airmail
a vuelta de correo	by return of post
la carta	letter
el cartero	postman
el buzón	letter-box, pillar-box
echar al buzón	to post a letter

---

[1] Familiarly los correos.

108 COMMUNICATIONS

321

la recogida	collection
recoger	to collect
el reparto	delivery
la distribución	delivery
repartir	to distribute
distribuir	to distribute
el sobre	envelope
el papel de escribir	writing paper
la postal	postcard
la dirección, las señas	address

322

el franqueo	postage
franquear	to stamp, frank
franqueado	paid
franco	post *or* carriage free
sellar	to seal
el sello	stamp, seal
el sello postal	postage stamp
poner el sello	to stick a stamp
el timbre	postmark, stamp
timbrar	to stamp

323

el paquete	parcel
en paquete postal	by parcel post
(des)empaquetar	to (un)pack
certificar	to register
certificado	registered
expedir	to forward
el expedidor	sender
el destinario	receiver *or* payee
desconocido	unknown
enviar	to send, forward

324

la tarifa	tariff, price-list
el telegrama	telegram
telegrafiar	to telegraph, wire
la telegrafía sin hilos	wireless telegraphy
el cable(grama)	cable
el teléfono	telephone
telefonear	to telephone
la comunicación	telephone call, communication
la llamada	telephone call
llamar	to call

325

marcar	to dial
el número	number
la ficha (de teléfono)	token (*used for public telephones*)
la conferencia	trunk call
comunicando	engaged
la guía de teléfono	directory
la central	exchange
el (la) telefonista	telephonist
el mensaje	message
colgar	to hang up

LA NATURALEZA—NATURE

326

crear	to create
el mundo	world
(sobre)natural	(super)natural
el cielo	sky, heaven
la nube	cloud
(a)nublado	cloudy
despejar(se)	to clear up
la estrella	star
resplandecer	to shine
el planeta	planet

NATURE

327

la luna	moon
el eclipse	eclipse
el sol	sun
el rayo	ray, beam; flash of lightning
el pararrayos	lightning conductor
radiar	to radiate, beam
radiante	radiant, beaming
brillar	to shine
brillante	shining, bright
el brillo	brilliancy, lustre

328

la salida del sol	sunrise
salir	to rise
la puesta del sol	sunset
ponerse	to set, go down
el alba, *f.*, el amanecer	dawn
el crepúsculo	twilight, dusk
anochecer	to grow dark
la tierra	earth
el terremoto	earthquake

329

(el) desierto	deserted, (desert)
la llanura	plain
llano	level, flat
plano	level, flat
el nivel	level
el valle	valley
la colina	hill
el collado	hill
el monte	mountain
montañoso	hilly, mountainous

NATURE 111

330
el pico	peak
la cordillera	chain *or* range of mountains
la sierra	ridge of mountains; saw
la meseta	plateau
el peñasco	rock
la roca	rock
empinado	steep, precipitous
la cumbre	top, summit
la cima	top, summit
la cuesta	slope, hill

331
el volcán	volcano
el cráter	crater
entrar en erupción	to erupt
la costa	coast
la orilla	shore, (sea *or* river) side
la playa	sea-beach
los acantilados	cliffs
el océano	ocean
el (la) mar	sea
la marea	tide

332
la ola	wave
la espuma	froth, foam
el golfo	gulf
la bahía	bay
el cabo	cape
el estrecho	straits
la isla	island
el manantial	spring, source
la fuente	spring, source
la cascada	waterfall

333

el arroyo	brook, stream, rivulet
el río	river
la corriente	current, stream
la marea creciente	floodtide
inundar	to flood
la inundación	flood
el lago	lake
el estanque	pond
el pantano	marsh, pool
hondo	deep

334

profundo	deep
hacer buen tiempo	to be fine weather
hacer mal tiempo	to be bad weather
despejado	cloudless, clear
el clima	climate
el prognóstico del tiempo	weather forecast
el boletín meteorológico	weather report
el barómetro	barometer
el termómetro	thermometer
el grado	degree

335

el aire	air, breeze
fresco	cool, fresh
el viento	wind
ventoso	windy
la humedad	dampness
húmedo	moist, damp
mojar	to wet
mojado	wet
la tempestad	storm, tempest
la borrasca	storm, tempest

336

borrascoso	tempestuous, stormy
seco	dry
secarse	to dry up
el arco iris	rainbow
la lluvia	rain
lluvioso	rainy
llover	to rain
la gota	drop
el chaparrón	shower, downpour
el aguacero	shower

337

el relámpago	flash, lightning
relampaguear	to lighten
el trueno	thunder
tronar	to thunder
la tormenta	thunderstorm
la bruma	fog (*from the sea*)
la niebla	fog, mist
hay niebla	it is foggy *or* misty
brumoso	foggy, misty
nebuloso	foggy, misty

338

la nieve	snow
nevar	to snow
nevoso	snowy
la ventisca	snowstorm
el granizo	hail(stone)
granizar	to hail
helar	to freeze
la helada	frost
deshelarse	to thaw
el (des)hielo	ice, (thaw)

339

los animales domesticados	domestic animals
manso	tame
el (la) gato[1] (-a)	cat
maullar	to mew
la garra	claw; talon
el (la) perro[2] (-a)	dog, (bitch)
ladrar	to bark
vigilante	watchful
custodiar	to guard
la pata	paw, animal's leg

340

el lomo	back (*of animals or things*)
el rabo	tail
la cola	tail
el caballo[3]	horse
la yegua	mare
el asno	ass, donkey
el burro	ass, donkey
el (la) mulo (-a)	mule
el macho	male
la hembra	female

341

el ganado (de asta)	(horned) cattle
el asta, *f.*	horn
el cuerno	horn
el rebaño	herd, flock
el (la) pastor(a)	shepherd(ess)
la vaca	cow
el buey	ox
mugir	to low
el toro	bull
bramar	to roar

---

[1] Note **el gatito**, kitten. [2] Note **el cachorro**, puppy.
[3] Note **el purasangre**, thoroughbred..

342

el (la) becerro (-a)	calf, bullock, (heifer)
el cordero	lamb
el carnero	sheep
la oveja	ewe, sheep
la cabra	goat
el cerdo	pig
el puerco	pig
cebar	to feed (*for fattening*)
el conejo	rabbit
la liebre	hare

343

dar de beber	to water
criar	to breed
amaestrar	to train
domar	to tame
el domador	tamer
salvaje	wild, savage
carnicero	flesh-eating (*of animals*)
el león, (la leona)	lion(ess)
rugir	to roar
la melena	mane

344

el tigre	tiger
feroz	ferocious
el (la) lobo (-a)	wolf
el (la) oso (-a)	bear
el elefante	elephant
el camello	camel
el (la) ciervo (-a)	stag, deer, (hind)
el mono	monkey, ape
el (la) zorro (-a)	fox, (vixen)
astuto	cunning, sly

345

la ardilla	squirrel
la rata	rat
el ratón	mouse
el erizo	hedgehog
los insectos	insects
zumbar	to hum, buzz
el gusano	worm, grub
el gusano de seda	silkworm
la oruga	caterpillar
la mariposa (nocturna)	butterfly, (moth)

346

la mosca	fly
la araña	spider; chandelier
la telaraña	spider's web
la avispa	wasp
picar	to sting
la abeja	bee
la miel	honey
la langosta	grasshopper
la hormiga	ant
el escarabajo	beetle

347

el reptil	reptile
la tortuga	tortoise; turtle
la rana	frog
el sapo	toad
el lagarto	lizard
la serpiente	snake, serpent
arrastrar	to drag along, creep, [crawl]
la víbora	viper
la culebra	adder, snake
el veneno	venom, poison

348

las aves	birds (*in general*)
el pájaro	(smaller) bird
el avestruz	ostrich
el pico	beak, bill
el ala, *f.*	wing
volar(se)	to fly (away)
poner	to lay (*eggs*); to put
hacer un nido	to build a nest
anidar	to nest, to build a nest
la jaula	cage

349

el canario	canary
el petirrojo	robin
el pinzón	chaffinch
el ruiseñor	nightingale
el gorrión	sparrow
la golondrina	swallow
la alondra	lark
el tordo	thrush
el cuclillo	cuckoo
la urraca	magpie

350

el mirlo	blackbird
el cuervo	raven, crow
la gaviota	seagull
la perdiz	partridge
el faisán	pheasant
la ortega	grouse
la cigüeña	stork
el pajaro carpintero	woodpecker
el martín pescador	kingfisher
el buho	owl

351

el gallo	cock
la gallina	hen
el gallinero	hen-roost, poultry-house
la pluma	feather
desplumar	to pluck
el pollo	chicken
empollar	to brood, hatch
la paloma	pigeon, dove
el pichón	young pigeon
el pato	duck

352

el ganso	goose
el cisne	swan
el loro	parrot
el papagayo	parrot
el pavo	turkey
el pavo real	peacock
el águila, *f.*	eagle
el buitre	vulture
el halcón	falcon, hawk
el ave, *f.* rapaz	bird of prey

353

el pez	fish (*alive*)
el dorado	goldfish
la trucha	trout
la merluza	haddock, hake
el arenque	herring
la sardina	sardine
el salmón	salmon
la raya	skate
el bacalao	cod
el lenguado	sole

354
la anguila	eel
el pulpo	octopus
el marisco	shellfish
la ostra	oyster
la gamba	prawn
el cangrejo	crab
la langosta	lobster
la ballena	whale
el tiburón	shark
la foca	seal

355
la planta	plant
plantar	to plant
la raíz	root
el tallo	stalk, stem
el brote	bud
el capullo	bud
brotar	to bud; spring up
la flor	flower, bloom
florecer	to flower, blossom, bloom
florido	blooming

356
el florero	flower pot; florist
el pétalo	petal
marchitarse	to fade, wither
marchito	faded, withered
la guirnalda	garland
la fragancia	scent
el jardín	garden
el jardinero	gardener
regar	to water
la regadera	watering-can

357

el arriate	flower bed
el cuadro de violetas	violet bed
la rosa	rose
el rosal	rose bush
el pensamiento	pansy
la primavera	primrose, cowslip
la margarita	daisy
la maya	common (small) daisy
el tulipán	tulip
el jacinto	hyacinth

358

el narciso	daffodil
el lirio	lily
el muguete	lily of the valley
el geranio	geranium
el clavel	carnation
la campánula	bluebell, harebell
la amapola	poppy
el aciano	cornflower
el botón de oro	buttercup
la no me olvides	forget-me-not

359

las hortalizas	vegetables
el huerto	kitchen garden, orchard
el césped	lawn, grass, turf
el cortacésped	lawnmower
la carretilla	wheelbarrow
la laya (de puntas)	spade[1], (garden fork)
la cerca	fence
el cercado	enclosure
el seto (vivo)	(quick) hedge
la barrera	gate, stile

[1] *Also* la pala.

360

la era de nabos	turnip plot
la patata	potato
la zanahoria	carrot
la cebolla	onion
el rábano	radish
la espinaca	spinach
el espárrago	asparagus
el hongo	mushroom *or* toadstool
la seta	mushroom *or* toadstool
el pepino	cucumber

361

el pepinillo	gherkin
la lechuga	lettuce
el tomate	tomato
el guisante	pea
el garbanzo	chick-pea
el haba, *f.*	broad bean
la judía verde	French bean, kidney bean
la judía blanca	haricot bean
la vaina	pod, husk, shell
desvainar	to husk, shell

362

la berza	cabbage
la col	cabbage
la coliflor	cauliflower
la col de Bruselas	brussels sprout
el perejil	parsley
las frutas	fruit
el árbol frutal	fruit tree
podar	to prune
la pera	pear
el peral	pear tree

363

la manzana	apple
el manzano	apple-tree
la (el) cereza (-o)	cherry(-tree)
la (el) ciruela (-o)	prune; plum(-tree)
la (el) almendra (-o)	almond(-tree)
el melocotón	peach
el melocotonero	peach-tree
el albaricoque(ro)	apricot(-tree)
la nuez	walnut
el nogal	walnut-tree

364

la (el) castaña (-o)	chestnut(-tree)
la (el) naranja (-o)	orange(-tree)
la (el) avellana (-o)	hazelnut, (hazel)
el limón (limonero)	lemon(-tree)
la aceituna	olive
el olivo	olive-tree
el dátil	date
la palmera	palm-tree, date-tree
la palma	palm(-tree)
la (el) granada (-o)	pomegranate(-tree)

365

la (el) banana[1] (-o)	banana(-tree)
el plátano[2]	banana(-tree)
el ananá	pineapple(-tree)
el coco(tero)	coconut(-tree)
la caña de azúcar	sugar-cane
maduro	ripe
madurar	to ripen
jugoso	juicy
la fresa	strawberry
el fresal	strawberry bed

---

[1] In S. America.   [2] In Spain.

366

la (el) frambuesa (-o)	raspberry(-bush)
la grosella (negra)	(black)currant
el grosellero	currant bush
la uva espina	gooseberry
la uva	grape
la pasa	raisin
la vid	vine
la viña	vineyard
el viñedo	vineyard
el viñador	vine-grower

367

la vendimia	grape gathering
vendimiar	to gather grapes
la prensa	press
prensar	to press, squeeze
los árboles de bosque	forest trees
el bosque	wood
frondoso	leafy, full of leaves
el arbusto	shrub, bush
el brezo	heath
la selva	forest

368

la corteza	bark; crust
la rama	branch
el follaje	foliage
la hoja	leaf; sheet (*of paper*)
deshojarse	to shed its leaves
la espina	thorn; fish-bone
sel- *or* silvoso	woody
silvestre	wild, uncultivated, rustic
el musgo	moss
la hiedra	ivy

369

la enredadera	creeper
trepar	to climb
trepador	creeping
el roble	oak
el haya, *f.*	beech
el fresno	ash
el olmo	elm
el sauce (llorón)	(weeping) willow
el alcornoque	cork tree
el ciprés	cypress tree

370

el álamo	poplar
el tilo	lime-tree, linden-tree
el abedul	birch
el alcornoque	cork tree
el bambú	bamboo
el caucho	india-rubber
el palosanto	rosewood
la caoba	mahogany
el ébano	ebony
el cedro	cedar

371

el metal	metal
la mina	mine
el minero	miner
el mineral	ore
explotar	to work a mine
buscar	to seek, search, look for
extraer	to extract, dig out
la fragua	forge, smithy
fraguar	to forge
forjar	to forge

372
el hierro	iron
ferreo	iron, *adj.*
la herramienta	tool
la herradura	horse-shoe
herrar	to shoe horses
el herrero	blacksmith
fundir	to melt, smelt
(a)moldar	to mould
inoxidable	stainless
el molde	mould

373
el orín	rust
mohoso	rusty
al acero	steel
el bronce	bronze
el cobre	copper
el latón	brass
la hoja de lata	tin-plate
el estaño	tin
soldar	to solder
el plomo	lead

374
el plomero	plumber
el cinc *or* zinc	zinc
el níquel	nickel
el aluminio	aluminium
cromado	chromium plated
raro	rare, scarce
la plata	silver
argentado	silver plated
el oro	gold
el platino	platinum

375

la piedra	stone
pedregoso	stony
el picapedrero	stone-cutter
empedrar	to pave with stones
la cantera	quarry
el granito	granite
pulir	to polish
pulido	polished
liso	smooth, even
el mármol	marble

376

la arenisca	sandstone
la cal	lime
la piedra caliza	limestone
la creta	chalk
la arcilla	clay
el azufre	sulphur
las piedras preciosas	precious stones, gems
la joya	jewel
el joyero	jeweller
la joyería	jewellery

377

la cadena	chain
la perla	pearl, bead
el diamante	diamond
el rubí	ruby
la esmeralda	emerald
el nácar	mother-of-pearl
el esmalte	enamel
el zafiro	sapphire
el ágata, *f.*	agate
el ópalo	opal

282

el operario	workman
operar	to operate; act
el jornalero	journeyman; day labourer
el aprendiz	apprentice
el aprendizaje	apprenticeship
novato	unpractised, inexperienced
(el) perito	skilful, (expert)
la pericia	skill, knowledge
diestro	skilful, clever
torpe	clumsy

283

ocuparse de	to attend to, busy one's self with
ocupado	busy
desocupado	unemployed
holgazán	lazy, idle
la vacante	vacancy
la Bolsa de Trabajo	Labour Exchange
el capataz	foreman
el director	manager
la administración	management
el sindicato	trade union

284

la huelga	strike
el huelguista	striker
hacer huelga	to go on strike
el impresor	printer
la impresión	printing, impression
la imprenta	printing-office
imprimir	to print
editar[1]	to publish
el editor	publisher
el redactor	editor

[1] *Also* publicar.

285

el constructor	builder
el agrimensor	surveyor
el solar	site
el andamio	scaffolding
el albañil	mason, bricklayer
el obrero	workman, labourer
el carpintero	carpenter, joiner
el ebanista	cabinetmaker
la cola	gum, glue
la lima	file

286

el martillo	hammer
el clavo	nail
clavar	to nail
el tornillo	screw
el destornillador	screwdriver
destornillar	to unscrew
el hacha, *f.*	axe
el ferretero	ironmonger
el molino (de viento)	(wind)mill
el molinero	miller

287

la harina	flour, meal
la masa	dough
amasar	to knead
el panadero[1]	baker
la panadería[2]	baker's shop; bakery
la pastelería	cake shop
el pastelero	pastrycook, confectioner
la bombonería	sweetshop
la lechería	dairy
el lechero	milkman

---

[1] *Also* el tahonero. [2] *Also* la tahona.

APPENDIX

1st	primero	7th	séptimo	13th	decimotercero
2nd	segundo	8th	octavo	19th	decimono(ve)no
3rd	tercero	9th	noveno *or* nono	20th	vigésimo
4th	cuarto	10th	décimo	100th	centésimo
5th	quinto	11th	undécimo	1,000th	milésimo
6th	sexto	12th	duodécimo	last	último

PREPOSITIONS, ADVERBS AND CONJUNCTIONS

a	to	en seguida	immediately
con	with	pronto	soon
contra	against	todavía	yet, still
de	of, from	ya	already
en	in, on, at	a la derecha	on, to the right
entre	between	a la izquierda	on, to the left
para	in order to, for	como	as, like
por	by, for	cómo	how
sobre	on	ni .. ni ..	neither .. nor ..
sin	without	o .. o ..	either .. or ..
arriba	above, upstairs	y	and
abajo	down, downstairs	pero	but
debajo de	under	sino	but *(after neg.)*
delante de	in front of	por qué	why
adelante	forward(s)	porque	because
enfrente	opposite	si	if, whether
detrás de	behind	sí	yes
atrás	backward(s)	no	no
junto a	close to	así	thus
cerca de	near	casi	almost
lejos de	far from	de prisa	fast, quickly
antes de	before *(time)*	despacio	slowly
ante	before *(in presence of)*	bastante	enough
después de	after	cuanto	how much
después	afterwards	cuando	when
aquí	here	demasiado	too, too much
allí	there	más o menos	more or less
dentro	inside	mucho	much
adentro	within	(un) poco	(a) little
fuera	outside	tampoco	neither
afuera	without	tan	so *(before adj.)*
donde	where	tanto	so much *(before noun or after verb)*
adonde	where to		
durante	during	tan .. como	as .. as ..
excepto	except	nada	not at all
hacia	towards	acaso	perhaps
hasta	till, up to	quizá(s)	perhaps
según	according to	tal vez	perhaps
ahora	now	una vez	once
a menudo	often	dos veces	twice
entonces	then	a veces	at times
nunca	never	en vez de	instead of
siempre	always	de vez en cuando	from time to time

APPENDIX

DAYS OF THE WEEK

domingo	Sunday
lunes	Monday
martes	Tuesday
miércoles	Wednesday
jueves	Thursday
viernes	Friday
sábado	Saturday

MONTHS

enero	January
febrero	February
marzo	March
abril	April
mayo	May
junio	June
julio	July
agosto	August
se(p)tiembre	September
octubre	October
noviembre	November
diciembre	December

NUMERALS

1	uno, una	20	veinte
2	dos	21	vientiuno
3	tres	22	veintidós
4	cuatro	30	treinta
5	cinco	31	treinta y uno
6	seis	40	cuarenta
7	siete	50	cincuenta
8	ocho	60	sesenta
9	nueve	70	setenta
10	diez	80	ochenta
11	once	90	noventa
12	doce	100	ciento (cien *before noun*)
13	trece	200	doscientos, -as
14	catorce	500	quinientos, -as
15	quince	700	setecientos, -as
16	dieciséis	1,000	mil
17	diecisiete	2,000	dos mil
18	dieciocho	1,000,000	un millón (de)
19	diecinueve	2,000,000	dos millones (de)